AF408278

أَكْبَرُ سَرِيرٍ في العالَم!

تأليف: أحمد عبد الرحيم

رسم: سلمان العاقل

عَلى الرَّغْمِ مِنْ أَنَّهُ يَمْلُكُ قَصْرًا كَبيرًا وسَريرًا مُريحًا. وعَلى الرَّغْمِ مِنْ غِيابِ أيِّ سَبَبٍ لِلانْزِعاج في غُرْفَةِ نَوْمِه؛ فَإِنَّ السَّيِّدَ «سَليم» كانَ يُصابُ بالأرَقِ كُلَّ لَيْلَةٍ، وخاصَمَهُ النَّوْمُ لِفَتْرةٍ طَويلَةٍ، لِدَرَجَةِ أَنَّ كَلْبَهُ الخاصَّ أصابَهُ الأرَقُ أَيْضًا حُزْنًا على حالِ صاحِبِه، وما يُقاسيهِ مِنْ مِحْنَةٍ.

فَكَّرَ «سَليم» بِما يَفْعَلُهُ كَيْ يَنامَ نَوْمًا هَنيئًا. إلى أنْ عَثَرَ على فِكْرَةٍ ذَهَبِيَّةٍ، جَعَلَتْهُ يَنْطَلِقُ في أرْجاءِ قَصْرِهِ راقِصًا مِنَ السَّعادَة

اشْتَرى «سَليم» قِطْعَةَ أرْضٍ مُتَرامِيَةِ الأطْرافِ في الصَّحْراء المَوْجودَةِ خارِجَ المَدينَة. وقَرَّرَ أنْ يَبْنِيَ عَلَيْها أكْبَرَ سَريرٍ في العالَم.

أَحْضَرَ «سَليم» كَبيرَ النَّجَّارينَ كَيْ يَضَعَ تَصْميمًا لِسَريرٍ طَويلٍ عَريضٍ، يَشْغَلُ هَذِهِ المِنْطَقَةَ بِأَسْرِها. ثُمَّ اتَّفَقَ مَعَ تُجَّارِ الأَخْشابِ في المَدينَةِ لِيُزَوِّدوهُ بِكَمِّيَّةٍ كَبيرَةٍ مِنَ الأَخْشاب، لِيَصْنَعَ مِنْها السَّرير.

اشْتَرى «سَليم» ما تُنْتِجُهُ المَدينةُ مِنَ القُماشِ لِمُدَّةِ سَنةٍ، وهَو ما يَكفي لِتَفْصيلِ مُلاءاتٍ مُتَنَوِّعَةٍ لِسَريرٍ بِهَذا الحَجْم!

بَعْدَ فَتْرةٍ طَويلَةٍ، أَنْجَزَ العُمّالُ بِناءَ السَّريرِ العَظيمِ الَّذي افْتَرشَ الصَّحْراءَ، مُغَطِّيًا أَرْضَها مِنْ أَقْصى الشَّرْقِ إلى أَقْصى الغَرْبِ، ومِنْ أَبْعَدِ نُقْطةٍ في الشَّمالِ إلى أَقْرَبِ نُقْطةٍ في الجَنوب.

وحانَ الوَقْتُ لِـ «سَليم» كَيْ يَقْفِزَ عَلى السَّريرِ ويُجَرِّبَ خَشَبَه ويَخْتَبِرَ لينَه.

طَلَبَ «سَليم» إلى الجَميعِ أَنْ يَتْرُكوهُ وَحيدًا كَيْ يَسْتَمْتِعَ بِالنَّوْمِ عَلى هَذا السَّريرِ الأُسْطوريّ. حَتّى إنَّهُ سَأَلَ أَحَدَ الخَدَمِ أَنْ يَحْمِلَ كَلْبَهُ بَعيدًا، فَرُبَّما يَنامُ أَفْضَلَ مِنْ دونِ صُحْبَتِه.

ما بَيْنَ هُدوءٍ جَميلٍ ونَسَماتٍ لَطيفَةٍ، مَشى «سَليم» فَوْقَ السَّريرِ كَيْ يَصِلَ إلى أعْلاهُ ويَحْضُنَ وِسادَتَه. لَكِنَّهُ ظَلَّ يَمْشي ويَمْشي ويَمْشي، حَتّى تَأخَّرَ الوَقْت، وازْدادَ اللَّيْلُ ظَلامًا، فَقَرَّرَ أنْ يَنامَ في مَكانِه، مُسْتَخْدِمًا يَدَيْهِ كَوِسادَةٍ.

لَكِنَّهُ ما إنْ رَمى جَسَدَهُ المُنْهَكَ عَلى المُلاءَة، وبَدَأَ يَتَسَرَّبُ إلَيْهِ النَّوْم، حَتّى نَهَشَ أُذُنَهُ عُواءُ ذِئْبٍ!

ارْتَجَفَ «سَليم» وتَذَكَّرَ أنَّهُ لَمْ يَبْنِ سِياجًا حَوْلَ السَّريرِ يَقيهِ مِنْ وُحوشِ الصَّحْراء.

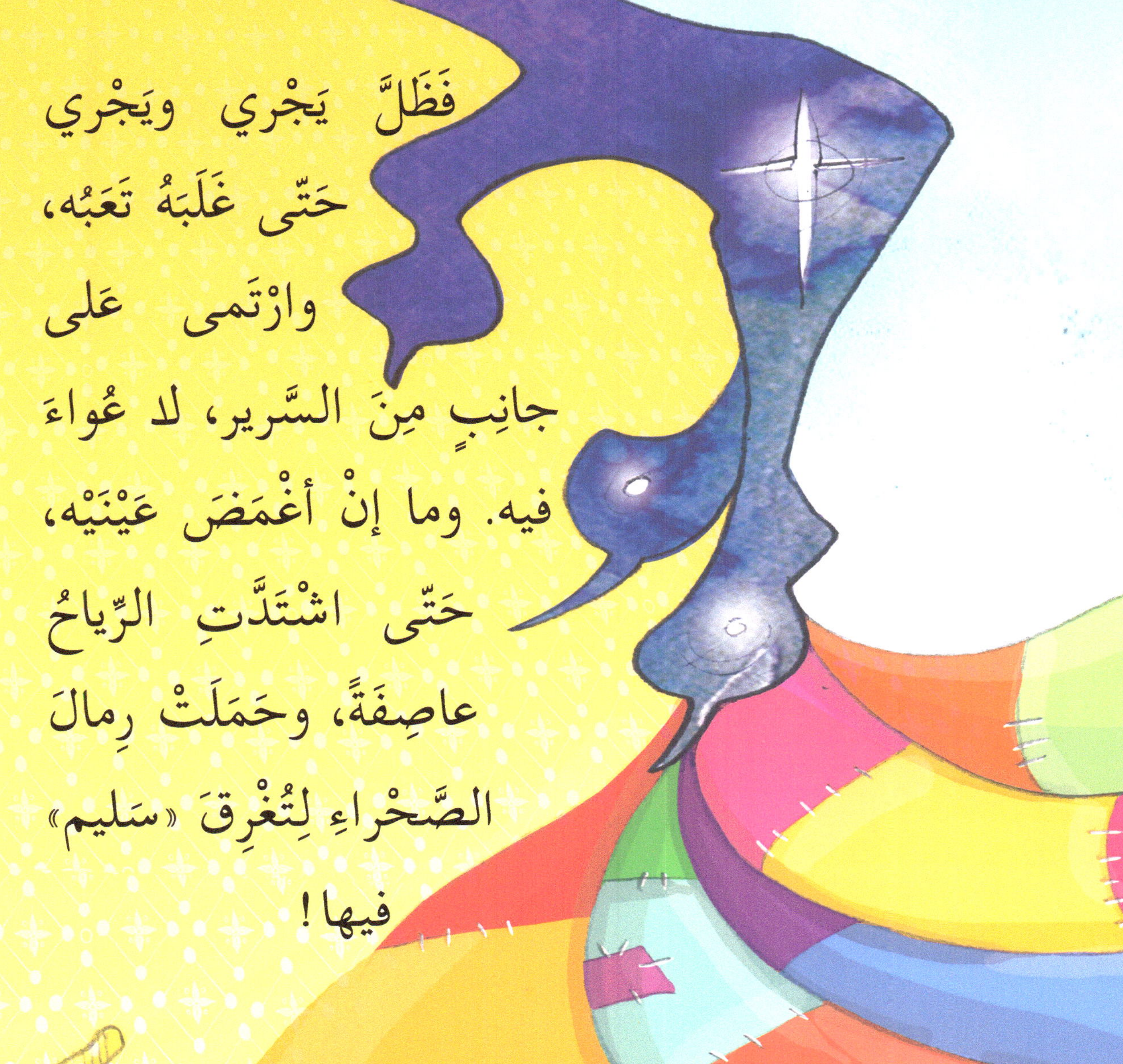

فَظَلَّ يَجْري وَيَجْري حَتّى غَلَبَهُ تَعَبُهُ، وَارْتَمى عَلى جانِبٍ مِنَ السَّرير، لا عُواءَ فيه. وما إنْ أَغْمَضَ عَيْنَيْهِ، حَتّى اشْتَدَّتِ الرِّياحُ عاصِفَةً، وَحَمَلَتْ رِمالَ الصَّحْراءِ لِتُغْرِقَ «سَليم» فيها!

تَعاقَبَتِ السّاعاتُ، وَ«سَليم» يَتَعَذَّبُ في العاصِفَة، يُحاوِلَ الاسْتِنْجادَ بِأَيٍّ مِنْ خَدَمِهِ إِنَّما لا جَدْوى، فَقَدْ أَمَرَهُم بِالابْتِعادِ عَنِ السَّرير. بَعْدَ انْتِهاءِ العاصِفَة، وَجَدَ «سَليم» السَّريرَ الفَخْمَ قَدْ تَحَوَّلَ إِلى صَحْراءَ مُخيفَةٍ.

فَالرِّمالُ تُغَطّي المُلاءَةَ حَتّى أَخْفَتْها. وَكائِناتُ الصَّحْراءِ كُلُّها، مِنَ الحَشَراتِ الصَّغيرَةِ إلى السَّناجِبِ وَالجِرْذان، مُروراً بِشُجَيْراتِ الصَّبّارِ الَّتي اقْتَلَعَتْها الرِّياح، تَقْبَعُ فَوْقَ سَريرِهِ الَّذي صارَتْ رائِحَتُهُ لا تُطاق.

فَجَلَسَ يَبْكي نَدَماً عَلى إِنْشاءِ هَذا **السَّريرِ العَجيب**.

أُصيبَ «سَليم» بِالتَّشَرُّد، الخَوْفِ، الجوعِ وَالعَطَش، إلى جانِبِ الأَرَقِ نَفْسِه!

قَطَعَ بُكاءَ «سَليم» صَوْتٌ يَأْلَفُهُ وَيُحِبُّهُ. نَظَرَ «سَليم» وَسْطَ الجَوِّ الغائِمِ بِالغُبار، لِيُبْصِرَ الكَلْبَ وهُوَ يَدْنو ناحِيَتَهُ مُسْرِعًا، وَيَبْتَسِمُ مُحَرِّكًا ذَيْلَه.

عَانَقَ الكَلْبُ صاحِبَه، ودَقَّ قَلْبُ «سَليم» فَرَحًا، خُصوصًا عِنْدَما شَدَّ الكَلْبُ بِفَمِهِ طَرَفَ ثِيابِه، وجَرى مُرْشِدًا إيّاهُ إلى المَكانِ الَّذي دَخَلَ مِنْه.

تَحَرَّرَ «سَليم» مِنَ السَّرير، وعَرَفَ مَدى فَشَلِ فِكْرَتِه، كَما قَدَّرَ مُعاناةَ الفُقَراءِ والمُشَرَّدين، مَعَ شُعورِهِ لِلَيْلَةٍ بِما يَمُرّونَ بِهِ كُلَّ يَوْمٍ ولَيْلَةٍ فَقَرَّرَ أنْ يُفَكِّكَ ذَلِكَ السَّرير،

وَيَتَبَرَّعَ بِأَخْشابِهِ لِبِناءِ بُيوتٍ تُؤْوي المُشَرَّدين، وبِقُماشِ مُلاءاتِهِ كَيْ تَكْسُوَ المُحْتاجين، واهِبًا أَرْضَهُ لِصِغارِ الفَلّاحينَ كَيْ يَزْرَعوها ويَعيشوا مِنْ خَيْراتِها.

بَعْدَ ذَلِكَ كُلِّه، عادَ «سَليم» لِسَريرِهِ الأَوَّل، واسْتَمْتَعَ بِنَوْمٍ عَميقٍ؛ وفَهِمَ أَنَّ الرّاحَةَ لا تَرْتَبِطُ بِحَجْمِ السَّرير، إِنَّما بِرِضى الإِنْسانِ عَنْ نَفْسِه، وهُوَ ما تَحَقَّقَ لَهُ أَخيرًا.